Reena Yadav

# MANTRA : Base de dados de Manchester de tRNA e sequências relacionadas

Reena Yadav

# MANTRA : Base de dados de Manchester de tRNA e sequências relacionadas

ScienciaScripts

**Imprint**
Any brand names and product names mentioned in this book are subject to trademark, brand or patent protection and are trademarks or registered trademarks of their respective holders. The use of brand names, product names, common names, trade names, product descriptions etc. even without a particular marking in this work is in no way to be construed to mean that such names may be regarded as unrestricted in respect of trademark and brand protection legislation and could thus be used by anyone.

Cover image: www.ingimage.com

This book is a translation from the original published under ISBN 978-3-659-85000-4.

Publisher:
Sciencia Scripts
is a trademark of
Dodo Books Indian Ocean Ltd. and OmniScriptum S.R.L publishing group

120 High Road, East Finchley, London, N2 9ED, United Kingdom
Str. Armeneasca 28/1, office 1, Chisinau MD-2012, Republic of Moldova, Europe
Printed at: see last page
**ISBN: 978-620-8-31777-5**

ÍNDICE

## REVISÃO DAS BASES DE DADOS DE SEQUÊNCIAS DE RNA

**Base de dados** "Uma base de dados é uma propriedade intelectual que contém uma coleção de informações armazenadas de modo a poderem ser pesquisadas seletivamente e a informação desejada ser recuperada através de um computador".

**-Pearson**, Computer Databases (Bases de dados informáticas) A partir da definição de **Pearson** acima apresentada, compreendemos que uma base de dados é uma coleção de informações relativas a um determinado assunto. Uma grande base de dados é geralmente designada por banco de dados.

A eficácia de qualquer base de dados de informações depende, em grande medida, da eficiência e da conveniência dos meios de acesso ao armazenamento de informações. A chave reside na estrutura dos dados e na forma como estão inter-relacionados.

Para uma manipulação eficiente dos dados, está a ser feita uma utilização crescente de pacotes de bases de dados e sistemas de gestão. Estes podem ser grandes e dispendiosos programas informáticos, que satisfazem (por exemplo) os requisitos de uma extensa biblioteca técnica de uma grande empresa, ou pacotes mais pequenos concebidos para funcionar em computadores pessoais, que satisfazem as necessidades de gestão da informação de um único escritório, sendo a facilidade de utilização um fator significativo na sua conceção [1].

### Ácido Ribo Nucleico

**Os ácidos ribonucleicos** são extremamente importantes na regulação genética. Estas macromoléculas encontram-se no núcleo (onde são sintetizadas) e no citoplasma.

Existem mais do que um ARN [8].

1. RNA *mensageiro* ou *m* RNA: O *ARNm* transporta a informação genética para fora do núcleo para a síntese de proteínas.

2. RNA *de transferência* ou RNAt: O ARNt descodifica a informação.

3. ARN *ribossómico* ou ARNr: O ARNr constitui 50% de um ribossoma, que é um conjunto molecular envolvido na síntese de proteínas.

Todas estas formas de ARN acima mencionadas estão envolvidas na síntese de proteínas. Existem muitos outros ARNs na célula, dos quais um grande número desempenha um papel vital em etapas catalíticas importantes.

RNAs *catalíticos*: Estes estão envolvidos em muitas reacções no citoplasma da célula.

Por conseguinte, é importante rever o mecanismo da síntese proteica e o envolvimento de diferentes tipos de ARN.

**Mecanismo de síntese de proteínas** [9]

**Iniciação**: Na primeira etapa da síntese proteica, a pequena subunidade 30S do ribossoma liga-se à molécula de ARNm.

**Alongamento**: O segundo passo na síntese de proteínas inclui

i) ligação da subunidade maior do ribossoma à pequena, para formar o ribossoma 70S completo, e

ii) a reação entre o primeiro e o segundo aminoácido que resulta na formação de uma ligação peptídica.

Depois disso, o segundo ARNt entra e o ARNt "anterior" é libertado.

**Terminação:** Na última etapa da síntese proteica, a terminação do polipéptido ocorre quando o ribossoma atinge um códão "Stop". A terminação da cadeia leva à libertação de um polipéptido e de ARNt, e à dissociação do ribossoma em subunidades 30S e 50S.

**A revisão das bases de dados de ARN** abrange um levantamento/avaliação geral das várias bases de dados de ARN e das informações que contêm. O texto abrange também a revisão das ferramentas estruturais que contribuem para as caraterísticas especiais das bases de dados.

Uma descrição completa da base de dados denominada MANTRA (Manchester database of tRNA and related sequences), compilada pelo Departamento de Bioinformática da Universidade de Manchester, e as ferramentas estruturais envolvidas no desenvolvimento da caraterística especial da base de dados, aparecem no final da base de dados.

As bases de dados de ARN de acordo com os seus tipos:

- Base de dados de ARN ribossómico
- Base de dados de ARN de transferência
- Base de dados de ARN mensageiro
- Outros

Base de dados de ARN ribossómico

## Base de dados de ARN ribossómico

**SSU rRNA, LSU rRNA, Estruturas Secundárias do 16S rRNA, Estruturas Secundárias do 23S rRNA, 16SMDB, 23SMDB, 16S-likeMDB, 23S-likeMDB, 16SMDBexp, 23SMDBexp, modelos 3 D da subunidade ribossómica 30 S de E. coli e 16 S Rrna, Banco de Dados do 5S rRNA.**

> **A base de dados de ARN ribossómico** foi criada e é mantida pelo Departamento de Bioquímica e Biologia Molecular da Universidade de Antuérpia (UIA) - BÉLGICA. Fornece informações sobre dois tipos de bases de dados de rRNA: **Subunidade grande** e **Subunidade pequena**.

A seguir, uma breve descrição do mesmo.

**O SSU rRNA e o LSU rRNA** são bases de dados da estrutura do ARN da pequena subunidade ribossómica [10] e do ARN da grande subunidade ribossómica [11], respetivamente **(abreviados como lsu rRNA e ssu rRNA, respetivamente)**.

A base de dados contém sequências armazenadas num formato de distribuição especial, ou seja, as sequências utilizam os códigos de letras padrão para os nucleótidos. Incluem também símbolos de intervalo e indicações de elementos da estrutura secundária. Estes são indicados pela inserção de símbolos especiais, para cada sequência, com base na estrutura secundária do ARNr adoptada, que por sua vez é corroborada pela observação de substituições compensatórias no alinhamento.

As informações sobre o conteúdo das bases de dados são publicadas na edição sobre bases de dados da revista Nucleic Acids Research

Lsu: [60] Ssu: [61]

**O Ribosomal Database Project** II (RDP II) [12] fornece serviços de dados relacionados com o ribossoma à comunidade científica, incluindo análise de dados em linha, árvores filogenéticas derivadas do rRNA e sequências de rRNA alinhadas e anotadas. [62]

O Ribosomal Database Project II (RDP-II) também tem um **sítio espelho no Japão** [13]. Contém mais de 10 700 sequências de rRNA de subunidades pequenas. Fornece também sequências de rRNA alinhadas e anotadas, árvores filogenéticas derivadas e hierarquias taxonómicas, bem como serviços de análise através do seu servidor WWW [15]. Os serviços de análise incluem a verificação de sondas de rRNA, a colocação filogenética aproximada de sequências de utilizadores, a análise de sequências de utilizadores para detetar possíveis sequências quiméricas de rRNA, o alinhamento automático, a produção de matrizes de semelhança e serviços para planear e analisar experiências de polimorfismo de comprimento de fragmentos de restrição terminal (T-RFLP).

O sítio da base de dados EBI ssu e lsu [3] abre-se através de FTP [cute FTP 4.2 Os ficheiros estão zipados].

Outras bases de dados de rRNA são as seguintes

**Estruturas secundárias de 16S e 23 s rRNA** [14] **Estruturas secundárias de 16S rRNA** Uma coleção de diagramas de estruturas secundárias de 16S e 16S-like rRNA filogenética e estruturalmente diversas. [17] .

**Estruturas secundárias do 23S rRNA** Uma coleção de diagramas de estruturas secundárias do 23S e do 23S-like rRNA, filogenética e estruturalmente diversas.

[17].

> **Base de dados de mutações do rRNA** [18]

**16SMDB :** Base de dados mutacionais da 16ª subunidade [19]

**23SMDB:** Base de dados mutacionais da subunidade 23 [20]

A **base de dados de mutações do ARN ribossómico 16S** (16SMDB) consiste numa lista anotada de 484 alterações distribuídas por 157 posições no ARN ribossómico 16S de *Escherichia* coli. As posições mutadas estão dispostas por ordem, começando na extremidade 5' do 16S rRNA e terminando na extremidade 3'.

Os fenótipos associados a cada alteração são descritos sucintamente e designados consoante tenham sido detectados *in vivo* ou *in vitro*. A **base de dados de mutações do ARN ribossómico 23S** (23SMDB) consiste numa lista anotada de 418 alterações distribuídas por 143 posições no ARN ribossómico 23S de *Escherichia* coli.

**16S-likeMDB** A base de dados de mutações do ARN ribossómico 16S-like. [**23S-likeMDB:** A base de dados de mutações do RNA ribossómico 23S-like (23S-likeMDB). [16]

Os ficheiros que contêm apenas os dados de organismos que não a *E. coli* são intitulados **16S-likeMDB** e **23S-likeMDB**.

**16SMDBexp** [22] **23SMDBexp** [23]

Versões alargadas das bases de dados de mutações do ARN ribossómico (16SMDBexp e 23SMDBexp)[24]

As versões expandidas incluem dados de *E.coli* e de outros organismos, sendo estes ficheiros intitulados **16SMDBexp** e **23SMDBexp**, dando um número total de 977 entradas na base de dados: 522 entradas para 16S e 455 entradas para 23S.

Os ficheiros de texto das bases de dados através do protocolo de transferência anónima de ficheiros podem ser acedidos através do sítio ftp [7]

**Modelos >3 D da subunidade ribossómica 30 S e do ARNr 16 S de E. coli.**

A subunidade ribossómica 30S nos procariotas inicia a tradução do ARNm em proteína.

O site standford [25] foi organizado como parte do projeto RiboWeb [26] para promover a partilha e a distribuição de modelos tridimensionais disponíveis da subunidade ribossómica 30 S e do 16 S rRNA de E. coli.

Apresenta os modelos atualmente disponíveis, os sistemas de coordenadas utilizados, os autores e as publicações de referência, bem como informações de contacto.

Ferramentas -

1) **SstructView** - **O SStructView** é um applet Java que apresenta estruturas secundárias interactivas. O miniaplicativo recupera a estrutura secundária de um URL, exibe-a em uma página da Web e responde à interação do usuário identificando em quais objetos o usuário clicou e, opcionalmente, chamando um URL em resposta. O applet suporta vários níveis de zoom e utiliza imagens fora do ecrã para um desempenho optimizado. A arquitetura da máquina virtual Java permite que o **SStructView** seja integrado em páginas WWW e executado em várias plataformas diferentes.

2) **proteanD** - O programa de visualização **proteanD**[ *J. Mol. Graphics* ] . O programa **proteanD** foi concebido para mostrar várias representações de incerteza estrutural para macromoléculas, incluindo desenhos de bastões sobrepostos, elipsóides de incerteza e volumes acessíveis de estrutura secundária. Estas representações estão estreitamente relacionadas com a nossa metodologia de cálculo da estrutura do ARN ribossómico. O programa é executado em máquinas Silicon Graphics (SGI) e os ficheiros de entrada de amostra e o código binário executável estão disponíveis em [2].

**> Banco de dados 5S rRNA :**

A base de dados 5S rRNA [27] é acedida através de uma lista alfabética de organismos procariontes [28] e eucariontes [29] ou através de um navegador [30] que contém a lista de sequências e outras informações sobre o reino de um determinado organismo. Depois de selecionar o reino no quadro do cabeçalho no topo da página, navegue para baixo para procurar os dados de interesse.

ARN de transferência

RNA de transferência

**tRNA e sequências de tRNA, PLMItRNA, tm RNA / tmRDB,**

> **tRNA e sequências de tRNA :** Estudo da estrutura e função do ARNt [31]

Esta base de dados foi criada e é mantida pelo Laboratory of Biochemistry Bayreuth, Alemanha [63] [32], e pela **EMBL Outstation, EBI** European Bioinformatics Institute, Hinxton, Cambridge. U.K. [4] ACESSÍVEL através do ftp4.2

As sequências dos genes tRNA e tRNA são armazenadas em ficheiros txt com comentários e referências para cada sequência, presentes em ficheiros txt separados. A informação detalhada sobre o alinhamento, numeração de posições, etc. encontra-se na publicação. [M.Sprinzl, C. Horn, M. Brown, A. Ioudovitch, S. Steinberg, "Compilation of tRNA sequences and sequences of tRNA genes" *Nucl. Acids Res.* , 1998, Vol.26, No.1., 148-153 ]

**Ferramentas -**

1) **tRNA-Editor** - Os investigadores que pretendam efetuar uma pesquisa avançada de sequências de tRNA de acordo com vários critérios, por exemplo, anticódão, especificidade de aminoácidos, nucleósido modificado, ou que pretendam imprimir as sequências solicitadas sob a forma de folha de trevo, podem descarregar o software adequado baseado no Windows 3.1 como um ficheiro zipado de 900 KB.

2) **Motor de pesquisa da base de dados tRNA** - A página permite encontrar registos na base de dados de acordo com múltiplos critérios de pesquisa. Nesta página, é possível formar e encontrar consultas complicadas baseadas em sequências.

> **PLMItRNA -**

A base de dados PLMItRNA contém informações e alinhamentos múltiplos de genes e moléculas de tRNA detectados em mitocôndrias de plantas superiores.

PLMItRNA (A database for tRNA molecules and genes in mitochondria of photosynthetic eukaryotes) é uma base de dados desenvolvida para facilitar a recuperação de informação sobre a distribuição de moléculas e genes de tRNA em mitocôndrias de plantas verdes (plantas superiores e algas verdes) e algas *Rhodophytae* e *Stramenopiles*.

Atualmente, o PLMItRNA contém 452 entradas para 436 genes e 16 sequências de tRNA identificadas em 25 plantas superiores, oito algas verdes, quatro algas vermelhas (*Rhodophytae*) e duas *Stramenopiles*.

[33] [O PLMItRNA é coordenado por Luigi R. Ceci no Centro di Studio sui Mitocondri e Metabolismo Energetico C.N.R., Via Amendola 165/A, 70126 BARI (Itália)].

Ferramentas -

**SRS** : O PLMItRNA pode ser investigado pela facilidade SRS disponível em http://bio-WWW.ba.cnr.it:8000/srs6/, utilizando um formulário de consulta padrão ou alargado.

O formulário de consulta alargado permite obter uma lista de entradas específicas, bastando escolher entre as diferentes opções disponíveis para cada campo. Também são possíveis combinações através de operadores booleanos.

> **tm RNA / tmRDB**

**O sítio Web do tmRNA - Como** o nome indica, o tmRNA tem as propriedades do tRNA e do mRNA combinadas numa única molécula. O tmRNA é assim chamado devido à sua natureza dupla, semelhante ao tRNA e ao mRNA. (Também é conhecido como 10Sa RNA ou SsrA). [64][ 35]

O tmRNA participa num processo *de trans-tradução* notável, adicionando uma etiqueta peptídica terminal C ao produto proteico incompleto de um mRNA quebrado. O tmRNA DB fornece sequências de tmRNA alinhadas, anotadas e ordenadas filogeneticamente [ 36, 65, 66, 67 ].

O sítio Web do tmRNA é uma coleção de todas as sequências de tmRNA disponíveis num único recurso público, juntamente com alinhamentos e um guia para a procura de novas sequências. As novas **funcionalidades** incluem: i) código de cores das sequências para marcar as regiões sugeridas para o emparelhamento de bases, ii) uma lista da literatura relativa ao tmRNA, iii) a atribuição cuidadosa de créditos às identificações de sequências de tmRNA, iv) e uma janela de navegação dividida. As actualizações são muito frequentes.

tmRNA, uma molécula presente na maioria das bactérias e em alguns organelos [68]. As sequências e os correspondentes péptidos de marcação codificados por tmRNA estão tabelados por ordem alfabética e filogenética [37].

O alinhamento atualizado do tmRNA melhora as estruturas secundárias dos tmRNAs conhecidos ao nível dos pares de bases individuais. O tmRDB também fornece uma introdução à função do tmRNA na trans-tradução (com ligações à literatura relevante), um número limitado de diagramas da estrutura secundária do tmRNA e numerosos modelos tridimensionais gerados interactivamente com o programa ERNA-3D.

**RNA mensageiro**

**UTRdb, TARD - Base de dados das regiões translacionais activas**

> **UTRdb -**

As regiões não traduzidas dos mRNAs eucariotas desempenham um papel importante na regulação e expressão dos genes.

UTRdb é uma base de dados de regiões não **traduzidas** de mRNAS eucariotas. [38]

As entradas da UTRdb são enriquecidas com informações especializadas que não estão presentes na base de dados primária, incluindo a presença de padrões funcionais já demonstrados por análise experimental como tendo algum papel funcional. Uma coleção desses padrões está a ser recolhida na base de dados UTRsite. [70]

A base de dados especializada de sequências UTR é uma base de dados especializada de sequências 5' e 3' não traduzidas de ARNm eucarióticos, sem redundância.

Ferramentas -

1) **Programa CLEANUP** - A geração de UTRdb limpos de redundância foi obtida usando o programa CLEANUP (Grillo et al.,1996 - Comput.Applic.Biosci. 12, 1-8).

2) A base de dados especializada de sequências UTR, UTRdb-GEN, é gerada utilizando o **UTRdb-GEN**, um programa de computador concebido para esta tarefa. **O UTRdb-GEN** efectua uma análise precisa das tabelas de caraterísticas das entradas EMBL e consegue gerar automaticamente as bases de dados UTR que

incluem em cada entrada todas as informações especializadas relevantes sobre a região e o número de exões abrangidos.

3) **UTRscan** - O programa UTRscan procura sequências de nucleótidos (ADN, ARN, ARNt) para encontrar motivos UTR.

A base de dados UTRdb está disponível publicamente por FTP anónimo [5].

> **TARD -**

**A base de dados das regiões activas** de tradução contém estruturas de ARNm eucarióticos e descrições da especificidade de tradução, bem como uma análise comparativa da estrutura primária e secundária de ARNm traduzidos de forma diferente. [17]

OUTROS

□□**Database de RNAs não-codificantes -**

Coleção de ARN não codificantes do tipo mRNA. [41]

[Volker A. Erdmann, Maciej Szymanski[1] , Abraham Hochberg[2] , Nathan de Groot[2] e Jan Barciszewski[1,*] Berlim, Alemanha,]

Estes ARNc não têm capacidade de codificação de proteínas e parece que funcionam principalmente ou exclusivamente ao nível do ARN. Todos os transcritos de ARN não codificantes conhecidos estão reunidos na base de dados: http://www.man.poznan.pl/5SData/ncRNA/index.html movido para [43]

> **Base de dados de pequenos ARN -**

Os pequenos ARN são definidos em termos gerais como os ARN que não estão diretamente envolvidos na síntese de proteínas. [44]

Os pequenos ARNs têm normalmente entre 75 e 400 nucleótidos, embora alguns cheguem a ter milhares de pares de bases. São sintetizados pela RNA Polimerase I, II ou III.

As abreviaturas utilizadas para as modificações das bases e dos açúcares são as seguintes: m3G, N2,2,7, tri-metilguanosina; A3, 2'-0-metiladenosina; C3, 2'-0-metilcitosina; G3, 2'-0-metilguanosina; U3, 2'-0-metiluridina; F, pseudouridina; A6, N6-metiladenosina; G2, 2-metilguanosina; N, nucleótido não identificado. No caso dos pequenos ARN com capa, o nucleótido da capa não é incluído no sistema de numeração.

> **Base de dados de RNA sno de levedura -**

Os pequenos RNAs **nucleolares** fornecem uma lista de todos os snoRNAs conhecidos da levedura

*Saccharomyces cerevisiae* [45].

A base de dados foi criada para permitir uma comparação fácil das principais caraterísticas dos snoRNAs, para proporcionar um acesso fácil à informação disponível para cada snoRNA e o seu gene correspondente. Permite também uma fácil manipulação das sequências de snoRNA.

Estudos alargados efectuados nos últimos anos revelaram a presença de snoRNAs numa grande variedade de eucariotas, incluindo fungos, protistas, plantas e animais [72].

O sítio Web - "Methylation Guide snoRNA Database" [37], mantido pela Universidade de Washington em St. Louis, (ferramentas) desenvolveu um algoritmo de pesquisa de sequências genómicas para genes de snoRNA guias de metilação 2'-O-ribose. Fornece previsões do gene snoRNA, muitas das quais foram verificadas experimentalmente. Inclui também informação sobre snoRNAs guias de metilação previamente identificados.

> **Base de dados de partículas de reconhecimento de sinais -**

A SRPDB (Signal Recognition Particle Database) fornece sequências alinhadas, anotadas e ordenadas filogeneticamente relacionadas com a estrutura e função da SRP.

ARN SRP e proteínas SRP ordenadas alfabeticamente e filogeneticamente. [46].

> **Base de dados de modificações do ARN -**

[47] A base de dados de modificação do ARN fornece uma listagem exaustiva dos nucleósidos modificados pós-transcricionalmente a partir do ARN e é mantida como uma versão actualizada do **relatório inicial impresso**:

P.A. Limbach, P.F. Crain e J.A. McCloskey. Summary: the modified nucleosides of RNA. *Nucleic Acids Res.* **22**, 2183-2196 (1994) [48]

**> A base de dados de sequências editadas de inserção/eliminação de U**

[49] Esta base de dados contém sequências de genes mitocondriais e criptogénios de protozoários cinetoplastídeos. São também fornecidas sequências de ARNm editadas e sequências de aminoácidos traduzidas. As sequências estão no formato GCG e podem ser obtidas como ficheiros HTML clicando no gene nos mapas genómicos ou clicando no nome do gene na tabela.

Um novo formato de "mapa" fornece a sequência de ARN editada alinhada com a sequência de ADN genómico e a sequência de aminoácidos traduzida. Tanto as supressões como as inserções de U são indicadas por lacunas na sequência editada ou na sequência genómica.

No mapa genómico *de Leishmania tarentolae*, estão também indicadas as sequências dos gRNAs codificados pelo maxicírculo.

Para *Trypanoplasma borreli*, são fornecidas as sequências dos genes gRNA conhecidos codificados no ADN do componente I de 180 kB. Os alinhamentos de rRNAs nucleares de cinetoplastídeos também são fornecidos no formato adequado para a execução de programas filogenéticos.

Ferramentas - **uRNA DB** - O **uRNA DB** é uma ferramenta para o estudo das estruturas e funções de vários U RNAs. Fornece sequências alinhadas, anotadas e ordenadas filogeneticamente. Os alinhamentos das sequências representam elementos de estrutura secundária conservados em que cada par de bases é comprovado por análise comparativa das sequências [*75*].

> **Base de dados RNase P -**

**A base de dados de sequências de ribonuclease P** é uma **compilação de** sequências de RNase P, alinhamentos de sequências, estruturas secundárias, modelos tridimensionais e informações acessórias.

[50] A ribonuclease P é responsável pela 5'-maturação dos precursores de ARNt. A ribonuclease P é uma ribonucleoproteína e, nas bactérias (e em algumas Archaea), apenas a subunidade de ARN é cataliticamente ativa *in vitro, ou seja*, é uma ribozima. [76]

> **COMPELIR -**

**A base de dados de elementos** compostos contém informações sobre elementos compostos, formados por sítios de ligação adjacentes ou parcialmente sobrepostos para proteínas que pertencem a diferentes famílias de factores e a diferentes vias de transdução de sinais [6].

> **gRNA -**

**A base de dados de RNA-guia** contém sequências de gRNA publicadas, juntamente com uma nota explicativa. http://www.biochem.mpg.de/~goeringe/

> **Base de dados de intrões do grupo I -**

Contém informações sobre os Intrões do Grupo I (incluindo diagramas de estrutura secundária, referências, números de acesso, documentos).

> **Algoritmos, termodinâmica e bases de dados para a estrutura secundária do ARN** - [53]

Um sítio Web composto que contém as ligações para a maioria das bases de dados relacionadas com o ARN mencionadas acima e também software relacionado com o ARN.

MANTRA [ Base de dados de Manchester de **tRNA** e sequências relacionadas].

**Por último, mas não menos importante**

MANTRA [ Base de dados de Manchester de **tRNA** e sequências relacionadas]
**Introdução**: A inspiração para criar a base de dados MANTRA nasceu devido à natureza ubíqua do tRNA. MANTRA é a coleção de sequências de tRNA de vários organismos, estruturada como um registo consolidado sob a forma de uma base de dados. A base de dados foi compilada utilizando o Microsoft Access.

Caraterísticas : Alinhamento múltiplo com símbolos de estrutura secundária incorporados.

Ferramentas utilizadas: DCSE [Convers, Readseq, Clustal V], Clustal W. Desenvolvimento do MANTRA.

> O desenvolvimento do MANTRA começou com a recolha de ARNt do genoma completamente sequenciado a partir da base de dados biológica, por exemplo, GOLD - Genome On Line Database ] [54] genebank [55], Entrez [56] etc. [O número de organismos selecionados foi de 19; estas bases de dados estão disponíveis gratuitamente na Internet]. A lista e outras caraterísticas dos organismos encontram-se na figura (1).

**Diagrama - Figura (1) LISTA DE ORGANISMOS UTILIZADOS NO "MANTRA**

> Estas sequências foram recolhidas em ficheiros de texto.

> As caraterísticas do MANTRA incluem múltiplas sequências alinhadas juntamente com a estrutura secundária. As sequências foram depois sujeitas ao programa de alinhamento múltiplo Clustal W[59]. As sequências alinhadas foram

transportadas para o sistema operativo Unix por ftp anónimo / cute ftp4.2 [57], onde foi carregado o DCSE [58].

> As sequências foram submetidas pelo readseq/convers para as converter para o formato 'ali' {porque o DCSE só aceita este formato}. Assim que as sequências são carregadas no DCSE, este alinha automaticamente a sequência. Permite também a edição manual, para além de incorporar os símbolos da estrutura secundária. O alinhamento posterior é efectuado pelo Clustal V, após o que as sequências são enviadas de volta para o DCSE [http://rrna.uia.ac.be/dcse/] e podem ser guardadas ou impressas como ficheiro de saída.

Diagrama - Figura (2) DCSE I

Diagrama - Figura (3) DCSE II

> A ideia do local exato para a incorporação do símbolo correto foi retirada da base de dados sprinzl.

Diagrama - Figura (4) Estrutura da folha do trevo SPRINZL.

A *modelação visual* da base de dados de ARNt foi efectuada utilizando a linguagem de modelação unificada [UML]. A visão geral da arquitetura da base de dados foi feita com a utilização do Rational Rose 98i. Trata-se de um software UML que está disponível na Internet para um período experimental gratuito. Após o período experimental, é necessário comprá-lo.

**A *modelação visual* não só permite compreender o que está a ser representado no projeto (base de dados tRNA), como também ajuda a gerir a complexidade e a apresentar uma melhor aplicação. Também ajuda a terminar a aplicação a tempo.**

**Diagrama -** Figura (**5) UML - linguagem de modelação unificada de MANTRA**

**O UML de MANTRA descreve o funcionamento da base de dados. A consulta é enviada pela página de pesquisa. Esta envia uma mensagem, recupera os dados da base de dados e envia-os de volta ao utilizador.**

**Sugestões**

**Uma vez concluída a base de dados, é necessário um método para recuperar as informações úteis de acordo com as necessidades. A recuperação dos dados através de um** formulário de consulta normalizado ou alargado. Com opções como o alinhamento múltiplo com a estrutura secundária [símbolos de estrutura secundária incorporados]. Entre outras opções, o anti-códão, ou seja, a lista de sequências múltiplas alinhadas com o mesmo anti-códão.

Como 90% dos utilizadores se sentem confortáveis com o sistema operativo baseado no Windows ou na interface gráfica, é aconselhável que o sistema de recuperação seja compatível com o mesmo.

**LISTA DOS ORGANISMOS UTILIZADOS EM "MANTRA".**

| Organismo | Rei | Tamanho do genoma | não de | Data de |
|---|---|---|---|---|
| Mycoplasma | | 816.394 base | 677 | |
| Helicobacter pylori, | | 1.667.867 base | 1590 | |
| Bacillus subtilis | Bactéria | 4.214.810 base | 410 | 11/20/97 |
| Borrelia burgdorferi | | 910.725 base | 0 | |
| Aauifex aeolicus | Bactéria | 1.551.335 base | 1544 | 8/19/96 |
| Treponema pallidum | | 1.138.006 base | 1041 | |
| Chlamydia | Bactéria | 1.042.519-base | 896 | |
| Helicobacter pylori | Bactéria | 1.643.831 base | 0 | |
| Chlamydia | Bactéria | 1.230.230 base | 0 | 12/1/98 |
| Thermotoga maritima | Bactéria | 1.860.725 base | 1877 | 6/1/99 |
| Methanococcus | Arca | 1.664.970 base | 1738 | |
| Metanobactérias | Arca | 1.751.377 base | 1918 | 11/17/97 |
| Haemophilus | Bactéria | 1.830.137 base | 1850 | |
| Synechocystis sp. | | 3.573.470 base | 31168 | 6/1/96 |
| Escherichia coli | Bactéria | 4.639.221 base | 4289 | |
| Rickettsia prowazekii | Bactéria | 1.111.523 base | 0 | 11/12/98 |
| Arqueoglobos | Arca | 2.178.400 base | 2436 | 12/17/97 |
| Aeropyrum pernix | Arca | 1.669.695 base | 2694 | 12/19/99 |
| Mycoplasma | Bactéria | 580.070 base | 468 | |

| Título |
|---|
| Análise da sequência completa do genoma da bactéria Mycoplasma |
| A sequência completa do genoma do agente patogénico gástrico Helicobacter pylori |
| A sequência completa do genoma da bactéria gram-positiva Bacillus subtilis. |
| Sequência genómica de uma espiroqueta da doença de Lyme, Borrelia burgdorferi |
| O genoma completo da bactéria hipertermofílica Aquifex aeolicus. |
| Sequência completa do genoma do Treponema pallidum, a espiroqueta da sífilis. |
| Sequência do genoma de um agente patogénico intracelular obrigatório dos seres humanos: Chlamydia |
| |
| Genomas comparativos de Chlamydia pneumoniae e C. trachomatis. |
| Evidência de transferência lateral de genes entre Archae e bactérias a partir do genoma |
| Sequência completa do genoma da arqueia metanogénica Methanococcus |
| Sequência completa do genoma de Methanobacterium thermoautotrophicum deltaH: |
| Sequenciação aleatória de todo o genoma e montagem do Haemophilus influenzae Rd |
| Análise da sequência do genoma da cianobactéria unicelular Synechocystis |
| A sequência completa do genoma de Escherichia coli K-12. |
| A sequência do genoma da Rickettsia prowazekii e a origem das mitocôndrias |
| A sequência completa do genoma da bactéria hipertermofílica redutora de sulfato |
| Sequência completa do genoma de um Crenarchaeon aeróbio hipertermófilo, |
| O complemento genético mínimo de Mycoplasma genitalium |

| referência | Adesão | nota | Linhagem | sequência | Gene |
|---|---|---|---|---|---|
| Nucleico | U00089 | Sem aminoácidos | Centro | | |
| Natureza | | Helicobactérias | | O | |
| Kunst F et | | | Bactérias; | | |
| Natureza | | Um dos | | O | |
| Deckert, G. | AE000657 | Aquifex | Bactérias; | Diversa | |
| Fraser CM, | | Treponema | | Instituto | |
| Stephens | AE001273 | | Bactérias; | Programa em | |
| | AE001439 | | Bactérias; | | |
| | AE001363 | Chlamydia | Bactérias; | Stanford | |
| | AE000512 | Termotog | Bactérias; | | |
| Bult,CJ et | | primeiro | Archaea; | Contribuinte | |
| Smith DR | AE000666 | | Archaea; | Genoma | |
| Ciência | L42023 | O | Eubactérias; | Johns | 11 |
| Res. ADN | AB001339 | | | Kazusa | 11 |
| Blattner | U00096 | | Bactérias; | Laboratório | 11 |
| | AJ235269 | | Bactérias; | Gnómica em | 11 |
| Klenk HP | | | Archaea; | O | 11 |
| Res. ADN | | Hiper- | Archaea; | Nacional | 11 |
| Ciência | L43967 | a | Bactérias; | Instituto | 4 |

Figura (1) LISTA DE ORGANISMOS UTILIZADOS NO "MANTRA

Lista dos 19 organismos utilizados na base de dados MANTRA, juntamente com pormenores sobre as suas outras caraterísticas.

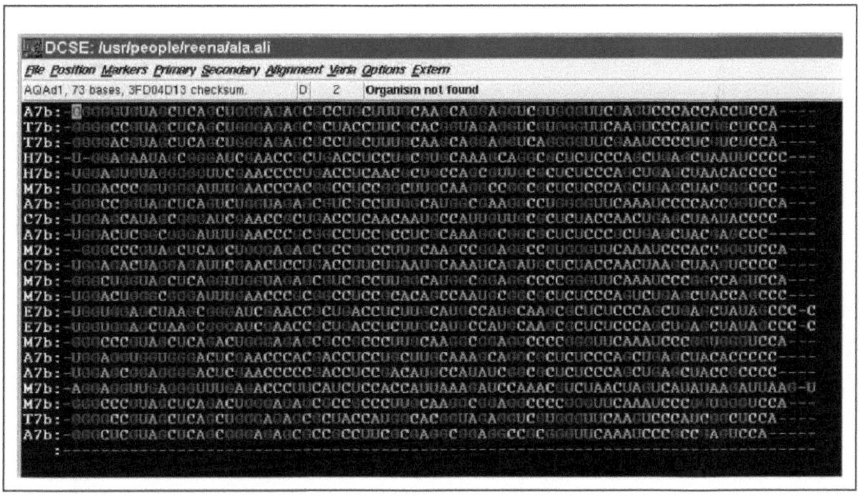


2) DCSE I

As sequências foram carregadas no DCSE após a conversão para o ficheiro 'ali' pelo Readseq, que faz parte do programa complementar Convers. Este µ é o modo como

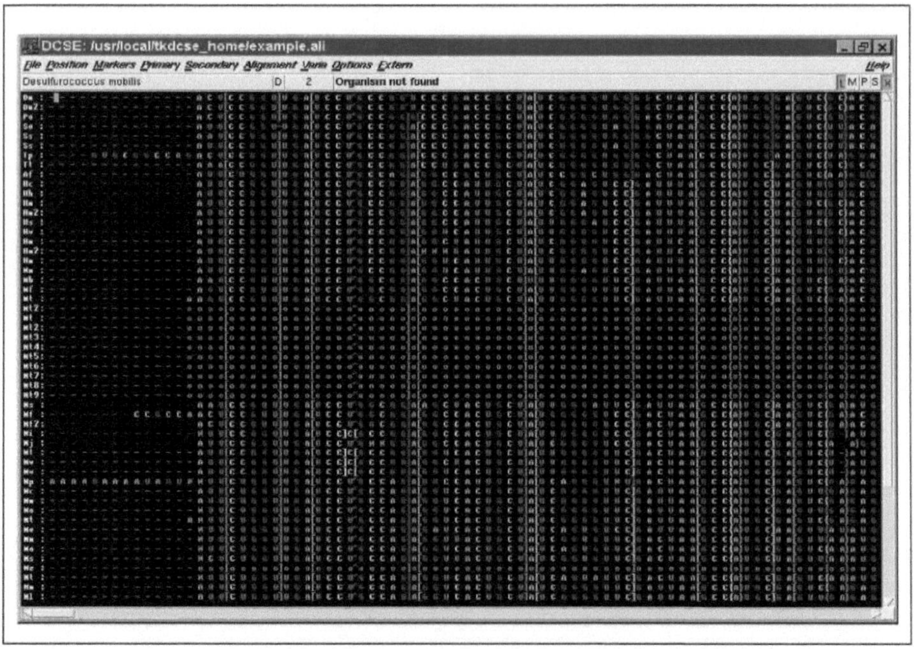


**Os símbolos da estrutura secundária [ ]= pb ()=pb não-padrão e protuberâncias *= pares G.U**

Figure (3) DCSE II

Este µ é o aspeto das sequências depois de terem sido carregadas e as estruturas secundárias incorporadas. As sequências foram realinhadas pelo Clustal V. O Clustal V é outro programa integrado no software DCSE.

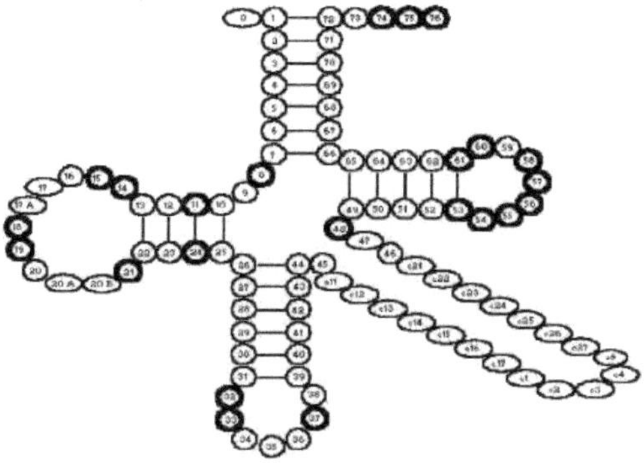

```
0[1-7]_8_9_[10--13]_(14--21)_[22----25]_[26--31](32-34-35-36-38)[39---44]_45-48_ [49---53](54-----60)[61-----65^66--72]_73--76.
1          2               2'        3                        3'              4                      4'        1'
accept          D                      anticodon             variable      T-domain                   acceptor
arm          domain                    domain                region                                   arm
```

Figure (4) Estrutura do trevo de Sprinzl.

A sequência abaixo desta com os símbolos secundários incorporados. É assim e onde as sequências em DCSE tiveram os seus símbolos de estrutura secundária incorporados.

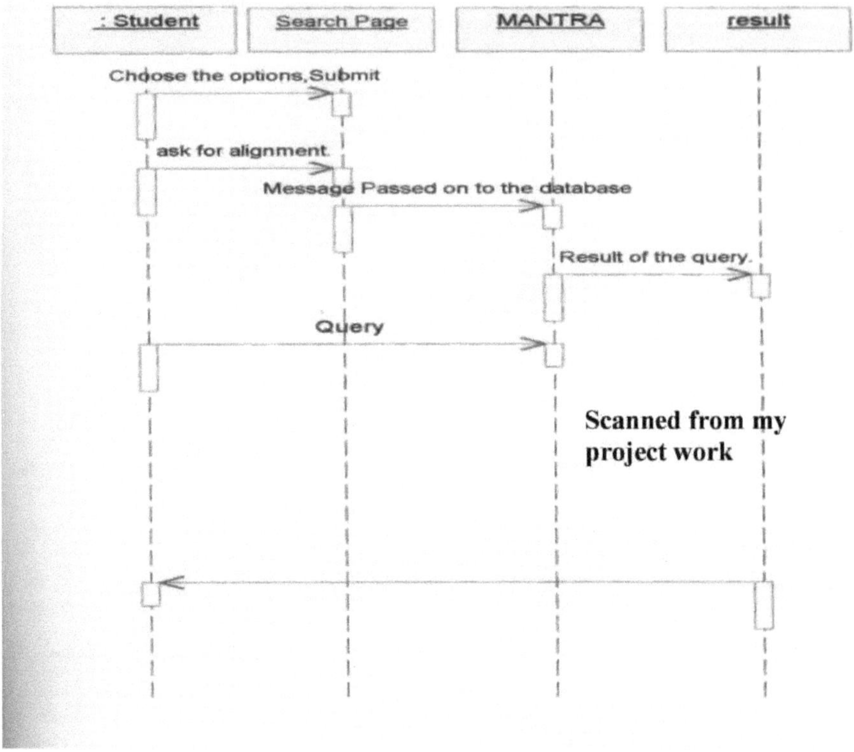


Figure (5) UML - A LINGUAGEM DE MODELAÇÃO UNIFICADA.

A UML de MANTRA descreve o funcionamento da base de dados. A página de pesquisa envia a consulta. Envia uma mensagem, recupera os dados da base de dados e envia-os de volta ao utilizador.

| **Feature Table – Comparison of the RNA Databases** | | | | | | | | |
|---|---|---|---|---|---|---|---|---|
| | | | | Database | | | | Other |
| **Features →** | Struct-ure (Sec.) | Phylo-gene-tics | Align-ment/ multiple align-ment. | On-line | Publi-cation | Tools | Use [ok=* good=** v.good=***] | feat-ures |
| **Ribosomal Databases -** | | | | | | | | |
| SSU & LSU | { | - | { | { | { | - | *** | { |
| The RDP II | - | { | { | { | { | - | * | { |
| 16S & 23S sec. Struc. | { | { | - | { | - | | ** | { |
| 16S & 23SMDB 16Slike & 23Slike MDB | - | - | - | { | - | - | * | - |
| 16S&23SMDBexp | - | - | - | { | - | - | * | - |
| 3Dmodels[E.coli] 30S and 16S rRNA | - | - | - | { | { | { | * | { |
| 5S rRNA Data Bank | - | - | - | { | - | - | ** | - |
| **Transfer RNA -** | | | | | | | | |
| tRNA and tRNA sequences. | { | - | { | { | { | { | *** | { |
| PLMItRNA | - | - | { | { | { | { | * | { |
| TmRNA | - | { | { | { | { | { | ** | { |
| **Messenger RNA -** | | | | | | | | |
| UTRdb | - | - | | { | { | { | ** | - |
| TARD | { | - | { | - | - | { | - | { |
| **Others -** | | | | | | | | |
| DB Non coding RNAs | - | - | - | { | { | - | *** | - |
| Small RNA DB | - | - | - | { | { | - | ** | - |
| Yeast sno RNA DB | - | - | - | { | { | { | *** | { |
| SRPDB | - | { | { | { | { | - | * | { |
| RNA modification DB | - | - | - | { | { | - | ** | - |
| U insertion & deletion Edited Sequence DB | { | - | { | { | { | { | ** | { |
| Rnase P DB | { | - | { | { | { | - | *** | - |
| COMPEL DB | - | - | - | - | - | - | - | - |
| GRNA DB | - | { | - | - | { | - | * | - |
| Group I Intron DB | { | - | - | { | { | - | * | - |
| RNA sec. struct. DB | { | { | { | { | { | { | *** | { |
| | | | | | | | | |
| **MANTRA** | { | { | { | - | - | { | *** | { |

Figure (6) 6) A TABELA DE CARACTERES - faz uma comparação das bases de dados de ARN disponíveis.

## Conclusão

A existência de vários tipos de ARN levou à compilação de inúmeras bases de dados de ARN até à data [ver referências]. A maioria delas foi analisada no texto acima. A maioria das bases de dados de ARN está disponível gratuitamente na Internet. Dado que 95% das bases de dados estão disponíveis na Internet, a sua utilização está limitada aos indivíduos com acesso à Internet. As restantes podem ser obtidas a um custo modesto. Estas bases de dados estão disponíveis sob a forma de CD-ROM ou disquetes.

Cada tipo de base de dados de ARN tem várias caraterísticas que a tornam diferente de outras bases de dados semelhantes.

**[SSU rRNA e LSU rRNA -** sequências em formato de distribuição especial, incluindo símbolos de lacunas e indicações de elementos de estrutura secundária mostrados pela inserção de símbolos especiais. **The Ribosomal Database Project** II - análise de dados em linha, árvores filogenéticas derivadas de rRNA e sequências de rRNA alinhadas e anotadas. **tRNA e sequências de tRNA -** facilidade de pesquisa especial por anticódão, especificidade de aminoácidos, nucleósido modificado e capacidade de imprimir as sequências pedidas em forma de folha de trevo. **PLMItRNA** - multialinhamentos de genes e moléculas de tRNA detectados em mitocôndrias de plantas superiores, facilidade SRS utilizando um formulário de consulta padrão ou alargado. **tmRNA** - i) código de cores das sequências para marcar as regiões sugeridas de emparelhamento de bases, ii) uma lista da literatura relativa ao tmRNA, iii) crédito cuidadoso das identificações de sequências de tmRNA, iv) e uma janela de navegação dividida, etc.].

Para efeitos de comparação das caraterísticas das bases de dados de ARN, é elaborada uma "tabela de caraterísticas" [(6) A TABELA DE CARACTERÍSTICAS]. Esta tabela ajuda-nos a analisar as diferentes caraterísticas importantes das bases de dados de ARN de uma só vez.

São escritos programas, concebidas ferramentas e desenvolvidos algoritmos para introduzir as caraterísticas que tornam uma base de dados única. [**tRNA e sequências de tRNA -** tRNA-Editor, motor de pesquisa de bases de dados de tRNA. **PLMItRNA** - Multi-alinhamentos, facilidade SRS utilizando um formulário de consulta padrão ou alargado. **UTRdb-** UTRdb-GEN, programa de limpeza. **URNA -** uRNADB. MANTRA - DCSE, Clustal V, Converse, Readseq etc. ]

Uma base de dados típica não necessita de quaisquer ligações adicionais. No entanto, as ligações, as ferramentas e o(s) software(s) são complementos que podem ou não estar relacionados com a base de dados em causa.

O desenvolvimento de um *motor de pesquisa* eficiente é a parte mais importante de uma base de dados, por exemplo, **tRNA e sequências de tRNA -** tRNA-Editor, motor de pesquisa de bases de dados de tRNA. Os motores de pesquisa ajudam a aceder com precisão e rapidez às informações pretendidas na base de dados. Estão presentes sob a forma de consulta, de navegador ou de outros métodos, como a **listagem alfabética** de organismos, por reino, em **5S rRNA Data Bank** prokaryote[28] e eukaryote[29]. [30]

Para que o utilizador compreenda o significado da base de dados, é necessário explicar a importância e a utilidade da mesma. Este aspeto é normalmente desenvolvido na página inicial. *Por exemplo*, [50]

A vantagem da base de dados reside na sua utilidade. As falhas na sua utilização, incluindo a falta de informação ou a ausência dela, são a sua desvantagem. A atualização é uma necessidade no caso de bases de dados incompletas.

Tendo em conta a grande quantidade de ARN e o grande interesse que suscita, foram desenvolvidos vários sítios Web comuns para ajudar os cientistas com interesses comuns a manterem-se em contacto.

O **RNA WebRing** [77] foi criado com o objetivo de estabelecer ligações entre muitas das instituições de biologia molecular e empresas privadas interessadas em qualquer aspeto do ARN, incluindo a transcrição, o processamento, a exportação, a estabilidade e a edição. As pessoas interessadas no ARN podem navegar facilmente entre todos os sítios relacionados com o ARN listados no WebRing, para além de poderem pesquisar no sítio informações específicas relacionadas com o ARN. Isto deverá facilitar muito a procura das informações mais recentes sobre este tema em rápida expansão, tanto por parte dos académicos como dos estudantes.

A **RNA Society of North Carolina** [78] promove a comunicação e a colaboração entre as pessoas interessadas nos aspectos biológicos e químicos do ácido ribonucleico e tem também como objetivo promover a aplicação de novas tecnologias resultantes da investigação realizada sobre todas as propriedades do ARN.

**Nota final:**

A minha opinião sobre algumas páginas Web

÷ A maioria das páginas é informativa e precisa, mas carece de apresentação e de atração visual.

÷ Na minha opinião, as melhores páginas são as seguintes

> http://biobases.ibch.poznan.pl/ncRNA/: Systematic. Trata-se de um sítio Web

bem elaborado, com cada mRNA não codificante, como o RNA, colocado em forma de tabela, com cada categoria (como organismo, tamanho do RNA, número de acesso EMBL/GeneBank, referências, etc.) colocada em colunas separadas. É de fácil acesso, leitura e compreensão para os utilizadores.

> http://iwbrown.mbio.ncsu.edu/RNaseP/home.html: Cada sequência nas bases de dados é armazenada num ficheiro separado, juntamente com alguma informação sobre essa sequência, como a taxonomia, o número de acesso e a referência bibliográfica no formato de distribuição. As sequências LSU ou SSU podem ser escolhidas de entre vários formatos e as sequências são convertidas em conformidade. http://www-rrna.uia.ac.be/help/formats/distributionformat.html

> http://www.uni-bayreuth.de/departments/biochemie/sprinzl/trna/index.html A página web do sprinzl é feita de uma forma simples e compreensível. É constituída por 4 ficheiros em formato txt, sendo cada um deles colocado em ficheiros separados. **1) TABLE.TXT:** sequências de ARNt incluídas na compilação de 1999, **2) SEQ.TXT**: inclui as sequências e informações sobre o emparelhamento de bases nas regiões de dupla hélice, **3) COMMENT.TXT:** fornece informações adicionais sobre as sequências, **4) REFERENC.TXT:** inclui referências para as sequências apresentadas.

Por último, mas não menos importante, as páginas Web com ligações a bases de dados de ARN são as seguintes

1. http://mbcr.bcm.tmc.edu/smallRNA/smallrna.html
2. http://www.imb-jena.de/RNA.html
3. http://www.rnabase.org/links/

4. http://bioinfo.math.rpi.edu/~zukerm/rna/

5. http://www.infobiogen.fr/services/dbcat/data/dbcat RNA.

html- DBCAT, O Catálogo de Bases de Dados de ARN.

6. http://www.rnabase.org/

## Referências

Livros -


| 1 | Computadores e senso comum, Roger Hunt e John Shelly |
|---|---|


Endereço do sítio Web -


| 2 | ftp://ftp-smi.stanford.edu/pub/altman/tar.proteand |
|---|---|
| 3 | ftp://ftp.ebi.ac.uk/pub/databases/rrna/ssu |
| 4 | ftp://ftp.ebi.ac.uk/pub/databases/trna |
| 5 | ftp://ftp.ba.cnr.it/pub/embnet/database/utr |
| 6 | ftp://ftp.gbf-braunschweig.de/pub/compel |
| 7 | ftp://ftp.acad.fandm.edu |
| 8 | http://www.iacr.bbsrc.ac.uk/notebook/courses/guide/rnast.htm |
| 9 | http://www.iacr.bbsrc.ac.uk/notebook/courses/guide/trad.htm |
| 10 | http://rrna.uia.ac.be/ssu/ |
| 11 | http://rrna.uia.ac.be/lsu |
| 12 | http://rdpwww.life.uiuc.edu/ passou para ÷<br>http://www.cme.msu.edu/RDP/html/index.html |
| 13 | http://www.cme.msu.edu/RDP/html/citation.html |
| 14 | http://www.rna.icmb.utexas.edu/ |

15 http://rdp.cme.msu.edu/

16 http://www.fandm.edu/departments/biology/databases/23S- likeMDB.html

17 http://www.infobiogen.fr/services/dbcat/data/dbcat_RNA.html

18 http://www.fandm.edu/departments/biology/databases/rna.html

19 http://www.fandm.edu/departments/biology/databases/16SMDB.html

20 http://www.fandm.edu/departments/biology/databases/23SMDB.html

21 http://www.fandm.edu/departments/biology/databases/16S- likeMDB.html

22 http://www.fandm.edu/departments/biology/databases/16SMDBexp.html

23 http://www.fandm.edu/departments/biology/databases/23SMDBexp.html

24 http://ribosome.fandm.edu:591/info.htm

25 http://www-smi.stanford.edu/projects/helix/ribo3dmodels/index.html

26 http://smi-web.stanford.edu/projects/helix/riboweb.html

27 http://rose.man.poznan.pl/5SData/5SRNA.html

28 http://rose.man.poznan.pl/5SData/Prokaryota_list.html

29 http://rose.man.poznan.pl/5SData/Eukaryota_list.html

30 http://rose.man.poznan.pl/5SData/browser.html

31 http://www.uni-
bayreuth.de/departments/biochemie/sprinzl/trna/index.html

32 http://www.uni-bayreuth.de/departments/biochemie/manual.html

33 http://bio-www.ba.cnr.it:8000/BioWWW/#PLMItRNA

34 http://bio-WWW.ba.cnr.it:8000/srs6/

35 http://www.indiana.edu/~tmRNA/

36 http://psyche.uthct.edu/dbs/tmRDB/AbouttmRDB.html

37 http://rna.wustl.edu/snoRNAdb/

38 http://bigarea.area.ba.cnr.it:8000/BioWWW/#UTRdb

39 http://benpc.bionet.nsc.ru/SRCG/Translation/index.html

40 http://www.infobiogen.fr/services/dbcat/data/dbcat_RNA.html

41 http://biobases.ibch.poznan.pl/ncRNA/

42 http://www.man.poznan.pl/5SData/ncRNA/index.html

43 http://biobases.ibch.poznan.pl/ncRNA/

44 http://mbcr.bcm.tmc.edu/smallRNA/smallrna.html

45 http://www.bio.umass.edu/biochem/rna-sequence/Yeast_snoRNA_Database/snoRNA_DataBase.html

46 http://psyche.uthct.edu/dbs/SRPDB/SRPDB.html

47 http://medlib.med.utah.edu/RNAmods/

48 http://www-medlib.med.utah.edu/RNAmods/RNAmods.html

| | |
|---|---|
| 49 | http://www.rna.ucla.edu/trypanosome/database.html |
| 50 | http://jwbrown.mbio.ncsu.edu/RNaseP/home.html |
| 51 | http://www.biochem.mpg.de/~goeringe/ |
| 52 | http://pundit.colorado.edu:8080/RNA/GRPI/introns.html |
| 53 | http://bioinfo.math.rpi.edu/~zukerm/rna/ |

| | |
|---|---|
| 54 | http://wit.integratedgenomics.com/GOLD/], |
| 55 | http://www.ncbi.nlm.nih.gov/Genbank/GenbankSearch.html |
| 56 | http://www.ncbi.nlm.nih.gov/Entrez |
| 57 | http://www.cuteftp.com/products/cuteftp/index.html |
| 58 | http://rrna.uia.ac.be/dcse/ |
| 59 | http://www.ebi.ac.uk/clustalw/ |

Publicações:

| | |
|---|---|
| 60 | Lsu: De Rijk P., Wuyts J., Van de Peer Y., Winkelmans T., De Wachter R. (2000) The European Large Subunit Ribosomal RNA database. Nucleic Acids Res. 28(1):177-178 |
| 61 | Ssu: As informações sobre o conteúdo da base de dados são publicadas na edição da base de dados da revista Nucleic Acids Research: Van de Peer Y., De Rijk P., Wuyts J., Winkelmans T., De Wachter R. (2000) The European Small Subunit Ribosomal RNA database. Nucleic Acids Res. 28(1):175-176 |

| | |
|---|---|
| 62 | **Maidak BL, Cole JR, Lilburn TG, Parker CT Jr, Saxman PR, Stredwick JM, Garrity GM, Li B, Olsen GJ, Pramanik S, Schmidt TM, Tiedje JM** Center for Microbial Ecology, 540 Plant and Soil Sciences Building, Michigan State University, East Lansing, MI 48824-1325, EUA. PMID: 10592216, UI: 20063250 |
| 63 | Sprinzl M., Steegborn C., Huebel F., Steinberg S.Compilação de sequências de tRNA e sequências de genes de tRNA, Nucleic Acids Research 24 |
| 63 | M.Sprinzl, C. Horn, M. Brown, A. Ioudovitch, S. Steinberg, "Compilation of tRNA sequences and sequences of tRNA genes" *Nucl. Acids Res.*, 1998, Vol.26, No.1, 148-153 |
| 64 | Zwieb C, Wower J (2000) tmRDB (base de dados de tmRNA). Nucleic Acids Res 28:169-70. Williams KP (2000) O sítio Web do tmRNA. Nucleic Acids Res 28:168. |
| 65 | |
| 66 | Nucleic Acids Res. 27:165-166 (1999) |
| 67 | Nucleic Acids Res. 26:163-165 (1998) |
| 68 | Nucleic Acids Res 2000 Jan 1;28(1):168 Williams KP |
| | *Nucleic Acids Res* 2000 Jan 1;28(1):169-70, tmRDB (tmRNA |
| 70 | base de dados). Zwieb C, Wower J |
| 71 | G. Pesole, Sabino Liuni, Giorgio Grillo, Matilde Ippedico, Alessandra Larizza, Wojtek Makalowski e Cecilia Saccone "UTRDB: uma base de dados |

| | |
|---|---|
| 72 | especializada de regiões 5' e 3' não traduzidas de mRNAs eucarióticos" Nucleic Acids Research Vol 27(1):00- 00(1999) |
| 73 | Volker A. Erdmann, Maciej Szymanski[1] , Abraham Hochberg[2] , Nathan de |
| 74 | Groot[2] e Jan Barciszewski[1] ,* Berlim, Alemanha |
| | Gerbi, S.A. (1995) *Biochem. Cell. Biol.*, **73**:845-858 |
| | Bachellerie, J.-P. e Cavaille, J. (1997) *Trends Biochem. Sci.*, **22**:257-261 |
| | P.A. Limbach, P.F. Crain e J.A. McCloskey. Resumo: os nucleósidos modificados do ARN. *Nucleic Acids Res.* **22**, 2183-2196 |
| 75 | (1994) |
| | *Zwieb C. (1996), "The uRNA database", Nucleic Acids Research, 24:76-79* |
| 76 | James W. Brown Department of Microbiology, North Carolina State University, Raleigh, NC 27695 1999 Nucleic Acids Research **27**:314 |

Mais sítios Web :-

77 http://www.ed.ac.uk/~jeanb/RNAwebring.html

78 http://www.unc.edu/~refried/nc-rna-soc.html

79 http://www.rnabase.org/

## LISTA DOS ORGANISMOS UTILIZADOS EM "MANTRA" .

| organismo | kingdo | Tamanho do genoma | no de | data de conclusão |
|---|---|---|---|---|
| Mycoplasma pneumoniae | | 816.394 pares de bases | 677 | |
| Helicobacter pylori, estirpe | | 1.667.867 pares de bases | 1590 | |
| Bacillus subtilis | Bactérias | 4.214.810 pares de bases | 410 | 11/20/97 |
| Borrelia burgdorferi | | 910.725 pares de bases | 0 | |
| Aquifex aeolicus | Bactérias | 1.551.335 pares de bases | 1544 | 8/19/96 |
| Treponema pallidum | | 1.138.006 pares de bases | 1041 | |
| Chlamydia trachomatis | Bactérias | 1.042.519 pares de bases | 896 | |
| Helicobacter pylori | Bactérias | 1.643.831 pares de bases | 0 | |
| Chlamydia pneumoniae | Bactérias | 1.230.230 pares de bases | 0 | 12/1/98 |
| Thermotoga maritima | Bactérias | 1.860.725 pares de bases | 1877 | 6/1/99 |
| Methanococcus jannaschii | Arqueologia | 1.664.970 pares de bases | 1738 | |
| Metanobactérias | Arqueologia | 1.751.377 pares de bases | 1918 | 11/17/97 |
| Haemophilus influenzae Rd | Bactérias | 1.830.137 pares de bases | 1850 | |
| Synechocystis sp. | | 3.573.470 pares de bases | 31168 | 6/1/96 |
| Escherichia coli | Bactérias | 4.639.221 pares de bases | 4289 | |
| Rickettsia prowazekii | Bactérias | 1.111.523 pares de bases | 0 | 11/12/98 |
| Archaeoglobus fulgidus | Arqueologia | 2.178.400 pares de bases | 2436 | 12/17/97 |
| Aeropyrum pernix | Arqueologia | 1.669.695 pares de bases | 2694 | 12/19/99 |
| Mycoplasma genitalium | Bactérias | 580.070 pares de bases | 468 | |

| título |
|---|
| Análise completa da sequência do genoma da bactéria Mycoplasma pneumoniae. |
| A sequência completa do genoma do agente patogénico gástrico Helicobacter pylori |
| A sequência completa do genoma da bactéria gram-positiva Bacillus subtilis. |
| Sequência genómica de uma espiroqueta da doença de Lyme, Borrelia burgdorferi |
| O genoma completo da bactéria hipertermofílica Aquifex aeolicus. |
| Sequência completa do genoma do Treponema pallidum, a espiroqueta da sífilis. |
| Sequência do genoma de um agente patogénico intracelular obrigatório dos seres humanos: Chlamydia trachomatis. |
| |
| Genomas comparativos de Chlamydia pneumoniae e C. trachomatis. |
| Evidência de transferência lateral de genes entre Archae e bactérias a partir da sequência do genoma de Thermotogo |
| Sequência completa do genoma da arqueia metanogénica Methanococcus jannaschii |
| Sequência completa do genoma da Methanobacterium thermoautotrophicum deltaH: |
| Sequenciação aleatória de todo o genoma e montagem do Haemophilus influenzae Rd |
| Análise da sequência do genoma da cianobactéria unicelular Synechocystis sp. |
| A sequência completa do genoma de Escherichia coli K-12. |
| A sequência do genoma da Rickettsia prowazekii e a origem das mitocôndrias |
| A sequência completa do genoma da arqueia hipertermofílica redutora de sulfato Archaeoglobus |
| Sequência completa do genoma de um Crenarchaeon aeróbio hipertermófilo, |
| O complemento genético mínimo de Mycoplasma genitalium |

| referência | Adesão | nota | Linhagem | sequência | Código genético |
|---|---|---|---|---|---|
| Ácidos nucleicos | U00089 | Sem aminoácidos | | Centro para | |
| Natureza 1997 | | Helicobacter | | O Instituto | |
| Kunst F et al. | | | Bactérias; | | |
| Natureza 1997 | | Um dos | | O Instituto | |
| Deckert, G. et | AE000657 | Aquifex | Bactérias; | Diversa | |

| Fraser CM, et | | Treponema | | Instituto de | |
|---|---|---|---|---|---|
| Stephens RS, | AE001273 | | Bactérias; | Programa em | |
| | AE001439 | | Bactérias; | | |
| | AE001363 | Chlamydia | Bactérias; | Stanford | |
| | AE000512 | Termotoga | Bactérias; | | |
| Bult,CJ et al. | | primeiro completo | Archaea; | Colaborador: | |
| Smith DR et | AE000666 | | Archaea; | Genoma | |
| Ciência 269 | L42023 | O | Eubactérias; | João | 11 |
| Res. ADN | AB001339 | | | ADN de Kazusa | 11 |
| Blattner .FR | U00096 | | Bactérias; | Laboratório de | 11 |
| | AJ235269 | | Bactérias; | Gnómica em | 11 |
| Klenk HP et | | | Archaea; | O Instituto | 11 |
| Res. ADN | | Hiper- | Archaea; | Nacional | 11 |
| Ciência 1995 | L43967 | o mais pequeno | Bactérias; | Instituto de | 4 |

MIX
Papier aus verantwortungsvollen Quellen
Paper from responsible sources
FSC® C105338

Printed by Books on Demand GmbH, Norderstedt / Germany